Self-Esteem Is Just An Idea We Have About Ourselves

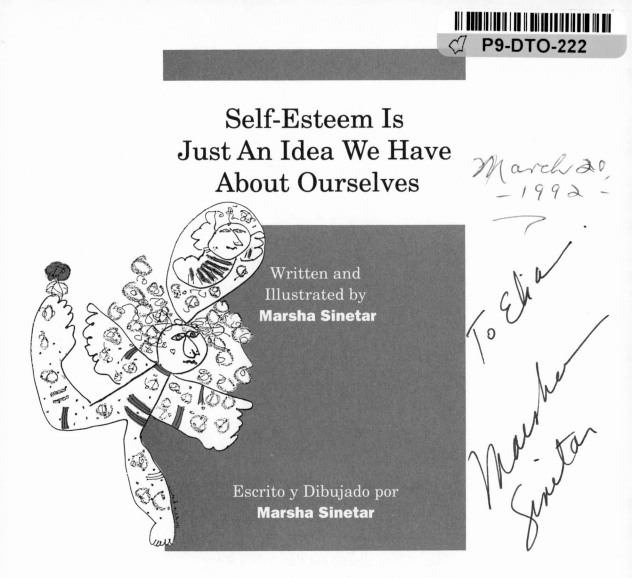

Written and
Illustrated by
Marsha Sinetar

Escrito y Dibujado por
Marsha Sinetar

*March 20,
-1992-

To Elia

Marsha
Sinetar*

La Autoestima No Es Más Que Una Idea Que Tenemos Acerca De Nosotros Mismos

Paulist Press   *New York and Mahwah, N.J.*

Published by Paulist Press, 997 Macarthur Boulevard, Mahwah, New Jersey 07430

Library of Congress Cataloging-in-Publication Data

Sinetar, Marsha.
Self-esteem is just an idea we have about ourselves/written and illustrated by Marsha Sinetar = La autoestima no es más que una idea que tenemos acerca de nosotros mismos/escrito y dibujado por Marsha Sinetar.
p. cm.
Parallel text in English and Spanish.
Spanish translation by Adam J. Holowiecki.
Summary: Explains in brief text and illustrations the origins of self-esteem and its importance to the individual.
ISBN 0-8091-3229-X
1. Self-respect. [1. Self-respect. 2. Spanish language materials—Bilingual.] I. Title. II. Title: Autoestima no es más que una idea que tenemos acerca de nosotros mismos.
BF697.5.S46S56 1990
158′.1—dc20
90-49618
CIP
AC

Concepto,
dibujos
originales
a pluma,
y cuento
por
Marsha
Sinetar

Concept,
original
pen and ink
drawings,
and words
by
Marsha
Sinetar

Self-esteem is just
an **idea**
we have
about
ourselves:

La
autoestima
— o alta
estimación
personal—
no es más
que una
idea que
tenemos acerca de nosotros mismos:

An idea

about our competence,

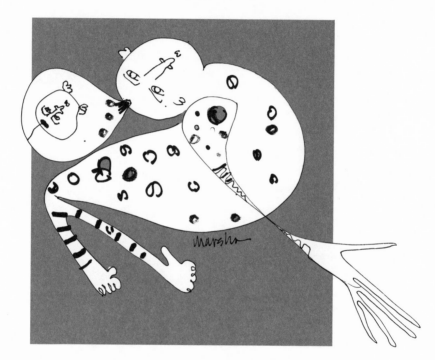

Una idea acerca

de nuestras habilidades,

Our worth,

and

our

power.

De
nuestro
valor
personal,
y de nuestra potencia.

Not of course
our
power
over
other
people,

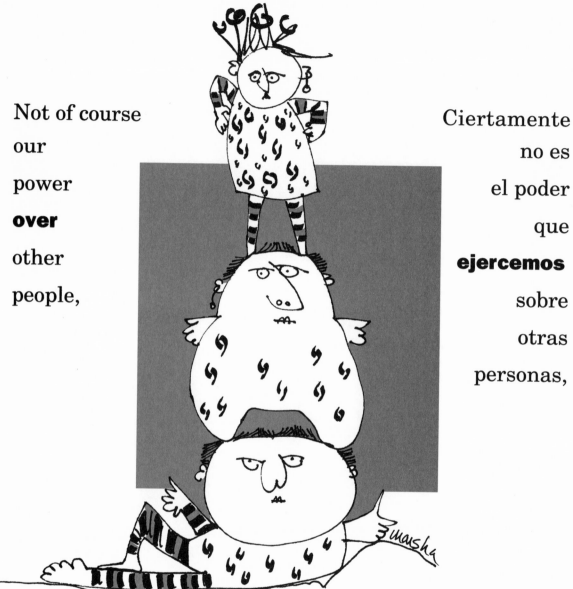

Ciertamente
no es
el poder
que
ejercemos
sobre
otras
personas,

But rather our
ability to take care of ourselves
in everyday life,

Sino más bien
es la habilidad de cuidarnos
en nuestra vida cotidiana,

Especially
when the going
gets rough.

Sobre todo cuando
la vida se vuelve
difícil.

La alta
estimación
personal
es una
imagen
que
tenemos
en nuestra
mente
acerca de nosotros mismos.

Self-esteem is a
picture
we have
in our
minds
about
ourselves.

A picture we start making

Una imagen que comenzamos

a formar

when we are little babies,

vulnerable to grown-ups' ways,

deep under the spell

of their perceptions of us.

cuando somos pequeñuelos,

vulnerables a los tratos de

las personas mayores,

y bajo su profunda influencia.

In early childhood,
we begin listening to the
opinion **(and tone)**
of everyone important to us:

En nuestra
infancia,
comenzamos
a escuchar
las
opiniones
(y el tono)
de las personas que nos son importantes:

parents

teachers

family

and

friends.

nuestros padres

nuestros maestros

nuestros parientes y

nuestras amistades.

And we carefully watch
almost everyone
to see how they treat us.

Y cuidadosamente observamos
a casi todas las personas
para ver como
se comportan con nosotros.

And we
carefully
listen
and
watch,

Y cuidadosamente
los escuchamos
y observamos,

watch
and
listen.

los observamos
y escuchamos.

Then,

(and perhaps even now)

we take what they say and do

as evidence by which

to **judge** ourselves.

Entonces,

(y quizás aún ahora)

tomamos su comportamiento hacia

nosotros así como lo que dicen,

como evidencia por la cual **nos juzgamos**.

Mostly

we want to know whether

we are honored

or betrayed.

Sobre todo deseamos averiguar

si los demás nos tratan

con respeto

o nos traicionan.

But we rarely

ask this **out loud**.

Mas pocas veces

nos preguntamos en voz alta

si esta evidencia es

verdadera.

Feeling our way into this
notion of who we are
we tuck our verdict away,

Entrando a tientas dentro de
esta opinión acerca de nosotros,
nos arropamos con ella,

hide it inside...

y la escondemos dentro de nosotros...

Self-esteem

is a

feeling

we have

about

ourselves:

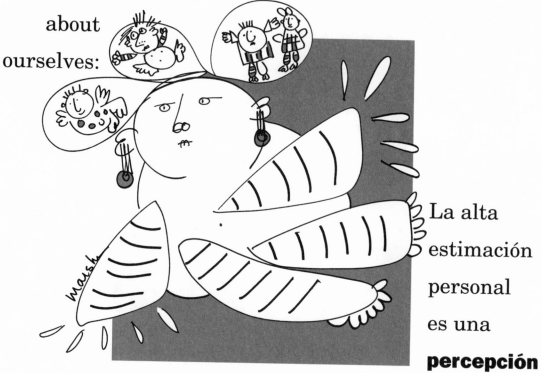

La alta

estimación

personal

es una

percepción

que

tenemos de

nosotros

mismos:

Our special
private
judgement
about
our special,
private
way
of being
in the
world—

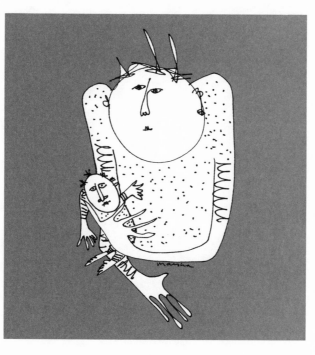

Es nuestro
juicio
especial y
particular
sobre
nuestra
manera de
pertenecer
a nuestro
mundo —

Our sense
about how
or whether
our
uniqueness

Es nuestro
juicio
especial y
particular
de cómo
nuestra
originalidad

encaja

dentro del

resto

de los

sucesos

del

mundo.

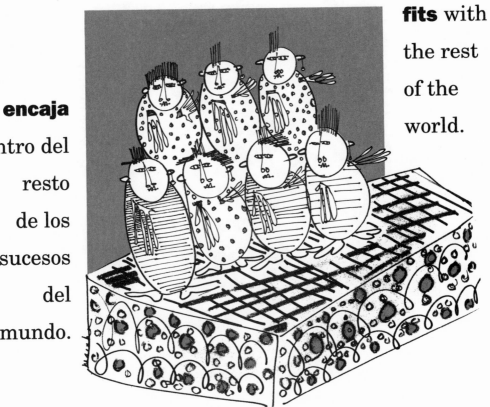

fits with

the rest

of the

world.

Each of us asks:

Cada uno de nosotros se pregunta:

"Am I a welcome,

or unwelcome,

addition to the general

scheme of things?"

¿Soy alguien bienvenido,

o rechazado,

en el plan general del mundo?

Self-esteem is
an **opinion**
we have
about
ourselves,

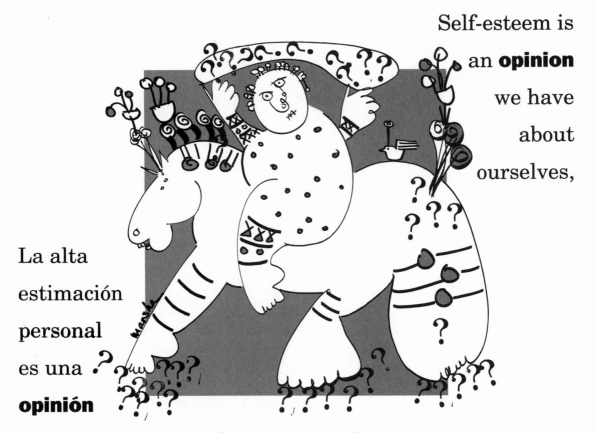

La alta
estimación
personal
es una
opinión

que tenemos acerca de nosotros mismos,

An opinion
we form
when we
are still
so tiny.

Una
opinión
que
formamos
cuando
todavía **somos** muy pequeñitos.

But not so tiny

to make up our minds

about those

Three Big Questions,

namely,

Mas no tan pequeñitos

que no podamos formar

una opinión

sobre las tres cuestiones

importantes de nuestra vida,

principalmente,

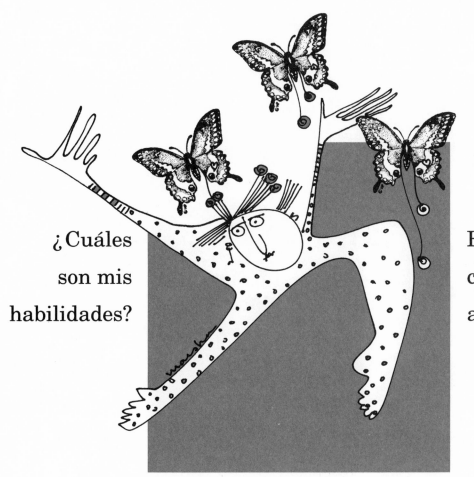

¿Cuáles son mis habilidades?

How competent am I?

How
powerful
am I?

¿ Cuáles
son mis
dones?

¿ Soy
valioso
y amable?

How
valuable
and
lovable
am I?

Then for the rest of our lives,

Desde ese momento,

durante el resto de nuestras vidas,

our answers become

"Our True Story"

unless...

nuestras respuestas a esas preguntas

llegan a ser nuestra

"Historia Verdadera"

a menos que...

We get
lucky and
figure out
this huge, important secret:

Tengamos la
buena suerte
de descubrir
este enorme e
importante secreto:

We can **change** our self-idea,

(and self-feelings, opinions and pictures)

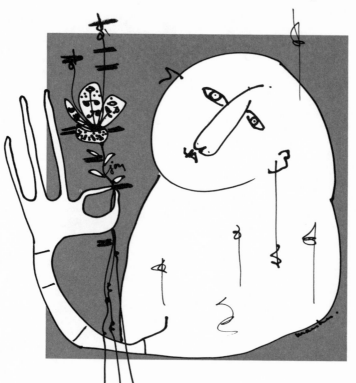

Podemos **cambiar** la idea que tenemos

acerca de nosotros mismos

(de nuestros propios sentimientos,

de nuestras propias opiniones,

y de nuestra propias imágenes)

By what we say,
about
and to
ourselves
and...
by what
we do.

Al cambiar
lo que
decimos,
acerca de
nosotros y
a nosotros
mismos,
y...

al cambiar nuestra manera de actuar.

Mostly by steady,
conscious effort,

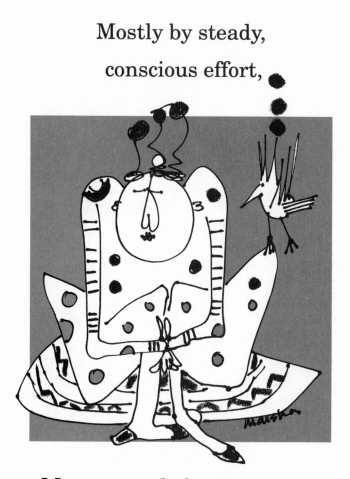

Mas que nada logramos esto
por medio de un esfuerzo
continuo, consciente,

(and once in awhile by a
miracle that just **pops** a new
self-verdict into our minds)

(y a veces, por un milagro
que hace **surgir** de repente,
en nuestra mente, un nuevo
juicio sobre nosotros mismos)

We work
out ways to
practice
thinking
and
behaving
As If
we
believed
in
ourselves,

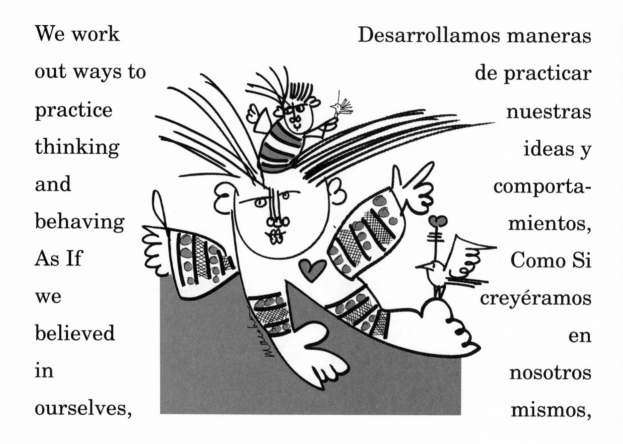

Desarrollamos maneras
de practicar
nuestras
ideas y
comporta-
mientos,
Como Si
creyéramos
en
nosotros
mismos,

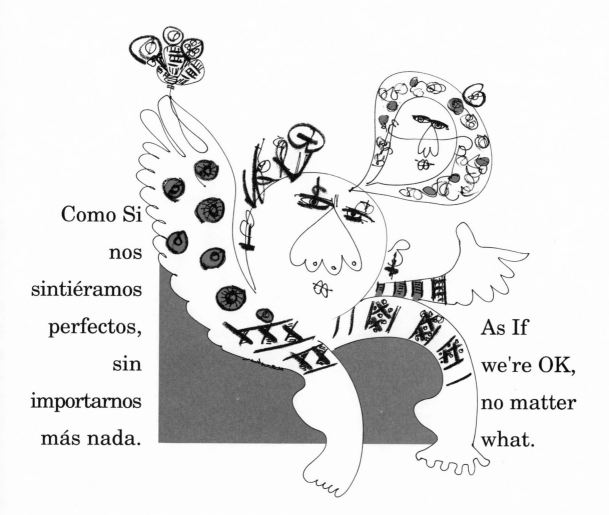

Como Si
nos
sintiéramos
perfectos,
sin
importarnos
más nada.

As If
we're OK,
no matter
what.

47

Even when we feel otherwise,

we act competently, powerfully, and lovingly

(even if it is in the smallest areas

of our lives),

Aún cuando no nos sintamos así,

actuamos hábilmente...

poderosamente... y amablemente

(aunque lo hagamos en los menores asuntos

de nuestras vidas),

and we
behave
As If we
valued
ourselves.

Y, así nos comportamos
Como Si **nos evaluáramos**
altamente.

Then, by
our small
positive
acts we
teach
ourselves
that
sticking
to this
difficult
path

is an easier way by far to "feeling good", than...

Así, por medio de estas pequeñas acciones positivas nos enseñamos que el seguir la senda más difícil y recta nos lleva de una manera más rápida a "sentirnos bien acerca de nosotros", que...

taking the easy way out

(like doing what is familiar

or comfortable)

and feeling bad later...

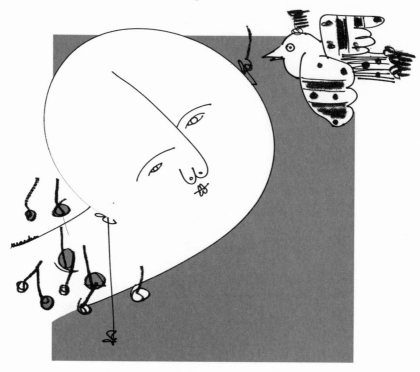

el tomar la senda fácil y veloz,

(tal como el actuar

de una manera acostumbrada

o más conveniente)

que luego nos hará sentirnos mal...

por
mucho,
mucho
tiempo.

for a
long,
long
time.

Over time we also learn

that speaking up for what we need and want

Al pasar el tiempo también aprendemos

que al levantar nuestra voz

para pedir lo que necesitemos y deseemos

(and refusing abuse from anyone,

even someone **important** to us)

(y al rechazar el maltrato de

cualquier persona, aún de alguien

que **valga mucho** para nosotros)

Helps us change
our minds
about ourselves,

Nos ayuda a cambiar
las ideas que tenemos
acerca de nosotros mismos,

Y nos ayuda a plantar nuevas semillas de estimación personal que

Helps us plant new self-idea seeds that sprout healthy and tall,

brotarán altas y vigorosas,

Taking deep root

within us,

Y que se arraigarán

hondamente en

nuestro ser,

(just like the old idea

had done).

(tal como lo habían hecho

las antiguas ideas).

Mystifyingly

(usually in time)

Misteriosamente

(por lo común al pasar el tiempo)

we learn
that...

nos damos
cuenta de
que...

Every

person

Casi

todas

las

personas

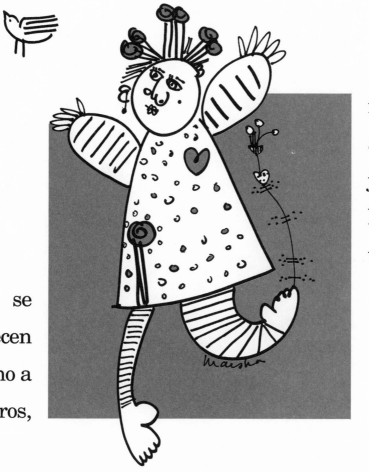

is

almost

just

like

us,

se

parecen

mucho a

nosotros,

And the way we treat the other person

Y nos

damos

cuenta

de que la manera en que nos comportamos con el prójimo

is

(in some weird,

unexplainable way)

es

(por una manera

extraña e inexplicable)

the way

we end up

treating ourselves.

la manera en que acabamos

por tratarnos

a nosotros mismos.

Then, slowly, slowly, slowly...

these
few
steps
reveal

Entonces,
lentamente,
lentamente,
lentamente...

estos pocos pasos nos ayudan a descubrir

an Incredible Truth:

That self-esteem is just an idea,

just a feeling we have,

una verdad increíble:

Que la alta estimación personal

es solamente una idea,

unos sentimientos,

just old, mind pictures,

that we have about ourselves.

simplemente unas imágenes mentales,

que tenemos dentro de nosotros,

acerca de nosotros mismos.

An idea,
and
feelings
and
self-pictures
that we
ourselves
make real,

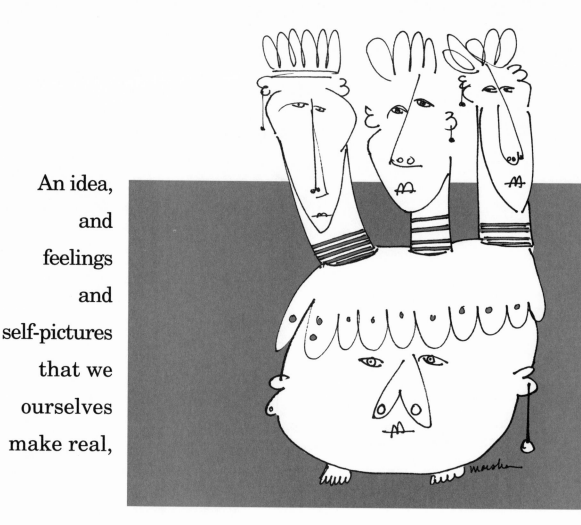

Una idea,

y unos sentimientos,

y unas imágenes propias,

que nosotros mismos

convertimos en realidad,

And only

we can change it

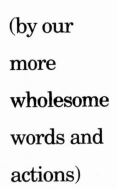

(by our

more

wholesome

words and

actions)

Y solamente

nosotros podemos reemplazarlas

(por medio de palabras,

acciones e imágenes nuestras

que sean más sanas)

for the better,

for our own good,

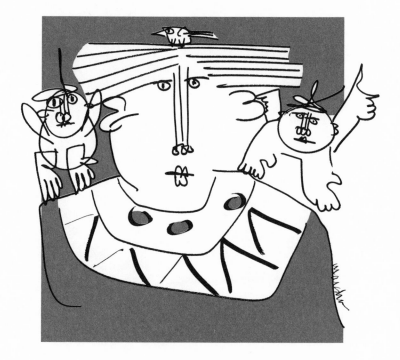

para una vida mejor,

por nuestro propio bienestar,

Forever.

Para siempre.

About the Author-Illustrator

Marsha Sinetar is an author, educator and organizational psychologist with an extensive professional background in both education and corporate management. For the past decade Marsha has been increasingly immersed in the study of self-actualizing, spiritually whole adults.

Marsha has had numerous articles published in the field of management psychology dealing with the theme of gifted, creative leadership, and has written several more serious books:

- *Ordinary People as Monks & Mystics*
  (Paulist Press, 1986)

- *Do What You Love, The Money Will Follow*
  (Paulist Press, 1987; Dell Books, 1989)

- *Elegant Choices, Healing Choices*
  (Paulist Press, 1988)

- *Living Happily Ever After*
  (Villard Books/Random House, 1990)

- *A Person is Many Wonderful, Strange Things*
  (Paulist Press, 1990)

- *Developing a 21st Century Mind*
  (Villard/Random House, 1991)

Original artwork from this book and other pen/ink drawings
are available from *Henley's Gallery*, The Sea Ranch,
California, which is happy to work with your local gallery.
(707) 785-2951

Marsha sends happy thoughts and best wishes to the reader
of this book.

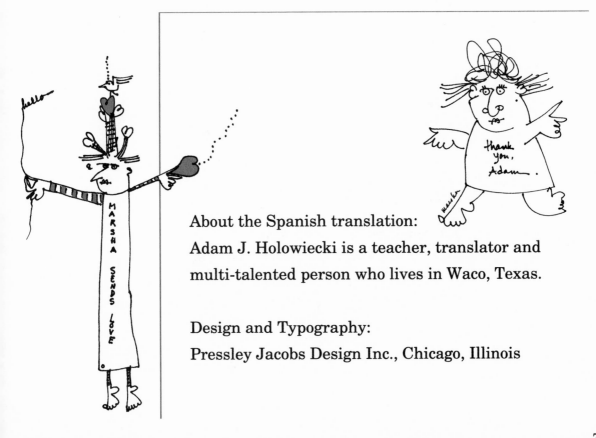

About the Spanish translation:
Adam J. Holowiecki is a teacher, translator and
multi-talented person who lives in Waco, Texas.

Design and Typography:
Pressley Jacobs Design Inc., Chicago, Illinois

Acerca de la Autora-Ilustradora

Marsha Sinetar es una escritora, educadora y psicóloga organizacional con una amplia experiencia profesional en el campo de educación y el de administración corporativa. Durante la última década Marsha se ha dedicado al estudio de adultos personal y espiritualmente actualizados.

Marsha ha publicado numerosos trabajos en el campo de la psicología gerencial, especialmente sobre el talento del liderazgo creativo. También ha escrito varios libros más formales sobre estos asuntos:

- *Ordinary People as Monks & Mystics* (Paulist Press, 1986)
- *Do What You Love, The Money Will Follow* (Paulist Press, 1987; Dell Books, 1989)
- *Elegant Choices, Healing Choices* (Paulist Press, 1988)
- *Living Happily Ever After* (Villard Books/Random House, 1990)
- *A Person is Many Wonderful, Strange Things* (Paulist Press, 1990)
- *Developing a 21st Century Mind* (Villard/Random House, 1991)

Los dibujos originales de este libro y otros a pluma están
a su disposición en Henley's Gallery, The Sea Ranch,
California, la cual tendrá el gusto de cooperar con su galería
local. Teléfono: (707) 785-2951

Marsha le envía muchas felicidades y sus mejores deseos al
lector de este libro.

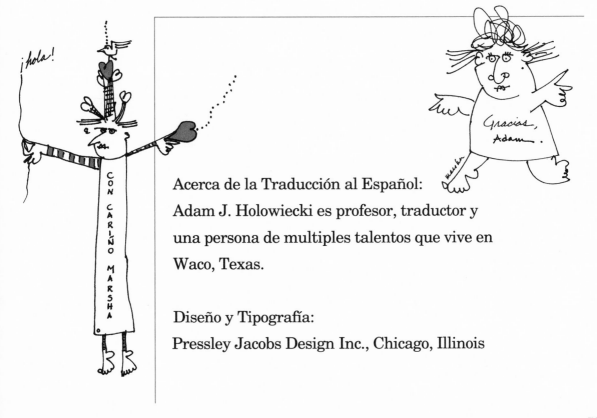

Acerca de la Traducción al Español:
Adam J. Holowiecki es profesor, traductor y
una persona de multiples talentos que vive en
Waco, Texas.

Diseño y Tipografía:
Pressley Jacobs Design Inc., Chicago, Illinois

thanks to all
wendy
adam
georgia

euclist
gracias